Jutta Schütz

wurde in Lebach (Saarland) geboren. Mit ihrem ersten Bestseller „Plötzlich Diabetes" (2008) gilt die Autorin bei Kritikern als Querdenkerin. 2010 startete sie mit ihren Gesundheitsbüchern ihr Pilotprojekt in Bruchsal und später bei der VHS in Wolfsburg. Schütz schreibt Bücher, die anspornen, motivieren und spezielles Insiderwissen liefern. Sie hat bis heute über 40 Bücher geschrieben und an vielen anderen Büchern mitgewirkt. Zudem hilft sie als Mentorin und Coach vielen Neuautoren bei der Veröffentlichung ihrer Bücher. Als Journalistin schreibt sie für viele Verlage und Zeitungen. Ihre Themen sind: Gesundheit, Psychologie, Kunst, Literatur, Musik, Film, Bühne, Entertainment. Weitere Informationen zur Autorin und ihren Büchern findet man in den Verlagen, auf ihrer Webseite - sowie im Kultur-Netzwerk.

Mehr Infos finden Sie auf der Webseite der Autorin:
www.jutta-schuetz-autorin.de/

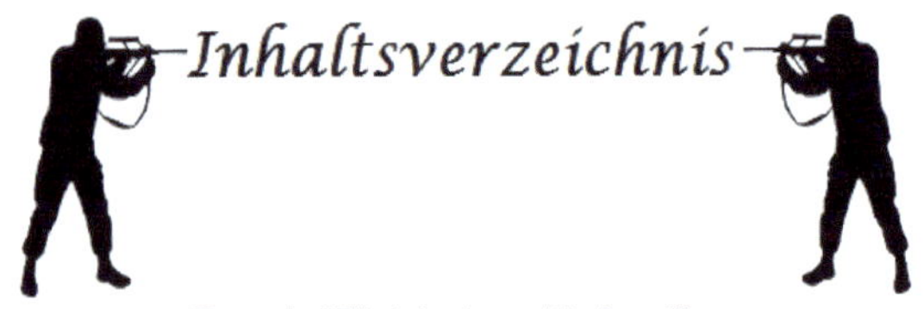

Inhaltsverzeichnis

Ich wünsche Ihnen Hoffnung, Kraft und Liebe
Ihre Jutta Schütz

Jutta Schütz

Der nächste Weltkrieg

Informationen und Fakten

© 2016 Autor: Jutta Schütz (2. Auflage)

© 2016 Buchsatz, Layout, Buchgestaltung
© 2016 Buchidee: Jutta Schütz
www.jutta-schuetz-autorin.de/
E-Mail: info.jschuetz@googlemail.com

© 2016 Herstellung und Verlag: BoD – Books on Demand, Norderstedt 978-3-7392-3711-4

Bibliografische Information der Deutschen Nationalbibliothek: Die Deutsche Nationalbibliothek verzeichnet diese Publikation in der Deutschen Nationalbibliografie; detaillierte bibliografische Daten sind im Internet über http://dnb.d-nb.de abrufbar.

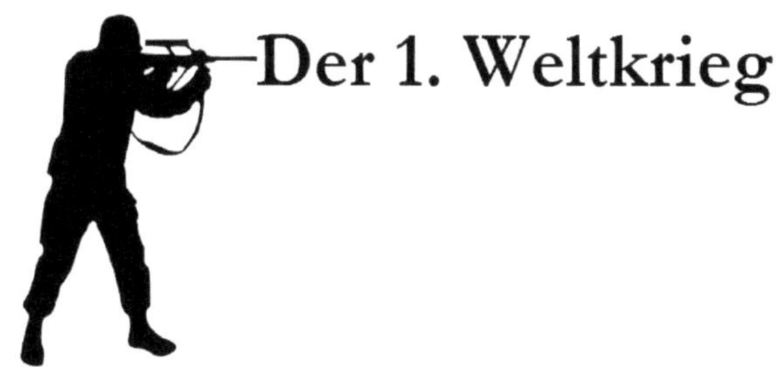Der 1. Weltkrieg

Am 28. Juni 1914 begann der 1. Weltkrieg in Europa, dem Nahen Osten, Afrika, Ostasien und auf den Weltmeeren.

Er dauerte bis 1918 und forderte 17 Millionen Menschenleben und zirka 20 Millionen Verwundete. Am Ende befanden sich drei Viertel der Weltbevölkerung im Kriegszustand.

Ausgelöst wurde dieser Krieg durch das serbisch gesteuerte Attentat auf den Thronfolger Österreich-Ungarns, Erzherzog Franz Ferdinand und dessen Frau in Sarajevo. Der Krieg endete am 11. November 1918 mit dem Waffenstillstand von Compiègne. Der Vertrag wurde in einem Eisenbahn-Salonwagen unterzeichnet (östlich des nordfranzösischen Compiègne bei Rethondes).

Frankreich bezeichnet den 1. Weltkrieg bis heute als La Grande Guerre (der große Krieg). Dies liegt unter anderem daran, dass dieser Krieg im kollektiven Gedächtnis der Franzosen bis heute sehr präsent war.

Schon 10 Jahre vor dem Attentat in Sarajevo (Auslöser dieses Krieges), standen die Zeichen auf Konfrontation.

Der deutsche Alfred Graf von Schlieffen

(* 28.02.1833 in Berlin, † 04.01.1913, preußischer Offizier und Generalfeldmarschall) entwickelte den Plan, Frankreich zu erobern. Die europäischen Mächte fühlten sich vom weltpolitischen Auftrumpfen des Deutschen Kaiserreiches bedroht und schlossen Bündnisse, durch die Deutschland zuletzt isoliert wurde. Einziger Bündnispartner blieb Österreich.

Der Ausgangspunkt für den 1. Weltkrieg war ein Konflikt zwischen Österreich und Serbien, der sich um die Vormachtstellung auf dem Balkan drehte. Die europäischen Großmächte waren auf Eroberungen aus. Alle Länder bis auf Österreich-Ungarn führten Krieg, um ihr Besitzrecht auf andere Kontinente auszudehnen.

Das Attentat von Sarajevo

Das Attentat von Sarajevo auf den „österreichisch-ungarischen Thronfolger Franz Ferdinand und seine Frau" gilt als Auslöser für den 1. Weltkrieg (Dieses Ereignis wird auch „Juli-Krise" genannt).

Am 28. Juni 1914 besuchte das Thronfolgerpaar Sarajevo und wurde dort von einem neunzehnjährigen serbischen Studenten erschossen. Durch dieses Attentat wollten die von Russland unterstützten serbischen Panslawisten ihre Forderung nach einem von Österreich-Ungarn unabhängigen serbischen Nationalstaat deutlich machen.

Das Militär in Wien drängte auf einen schnellen Vergeltungsschlag gegen Serbien und das Deutsche Reich sicherte Österreich-Ungarn die uneingeschränkte Bündnistreue gegenüber der Donaumonarchie zu.

Es sollte ein schneller Militärschlag gegen Serbien sein, der Russland von einem Eingreifen abhalten sollte. Die Reichsregierung wollte damit den Konflikt zwischen Österreich-Ungarn und Serbien einerseits begrenzen und anderseits hielt man den Zeitpunkt für einen Krieg gegen Russland geeignet.

Österreich-Ungarn setzte auf gezielte Provokation gegen Serbien. Das Land wurde in einem Ultimatum von 48 Stunden (23.07.1914) aufgefordert, die noch freien Mitglieder (Attentäter-Gruppe) festzunehmen, sowie alle radikalen Vereine aufzulösen.

Russland stellte sich für den Fall militärischer Aggression von Österreich-Ungarn an die Seite Serbiens. England forderte am 24. Juli Russland, Frankreich, Italien und Deutschland zu Verhandlungen auf. Serbien antwortete am 25. Juli auf das gestellte Ultimatum, erfüllte aber nicht die von Österreich gestellten Bedingungen. Serbien begann mit der Teilmobilmachung des Militärs und Österreich-Ungarn erklärte somit am 28. Juli Serbien, noch während der Verhandlungen, den Krieg. Auch Russland machte teilmobil und so waren am 30. Juli Russland als auch Österreich-Ungarn im Kriegszustand.

Das Deutsche Reich erklärte am 01. August Russland den Krieg und am 04. August Frankreich. Die deutschen Truppen griffen Frankreich von Nordosten an und verletzten dabei die Neutralität Belgiens und Luxemburgs - dies führte zum Kriegseintritt der belgischen Garantiemacht Großbritannien.

Im britischen, französischen und belgischen Sprachgebrauch gilt der 1. Weltkrieg bis heute als „der große Krieg" und in der Geschichtswissenschaft wird er oft als „Urkatastrophe des Zwanzigsten Jahrhunderts" bezeichnet.

Am Ende des Krieges befanden sich 25 Staaten (zirka 1,4 Milliarden Menschen) im Kriegszustand. Das waren zirka drei Viertel der damaligen Erdbevölkerung.

Am 29. September 1918 gestanden die Generäle die deutsche Niederlage ein und forderten von den Politikern die Einleitung sofortiger Waffenstillstandsverhandlungen.

Prinz Max von Baden wurde am 03. Oktober zum Reichskanzler einer Regierung unter Beteiligung der demokratischen Parteien ernannt (SPD, Liberale, Zentrum). Es erging kurz darauf ein deutsches Waffenstillstandsersuchen an den amerikanischen Präsidenten Wilson.

Vom 24. Oktober bis 28. Oktober wurde mit einer Verfassungsreform (Oktoberverfassung) die parlamentarische Monarchie im Reich eingeführt.

Um die Monarchie zu retten, erschien vielen ihrer Befürworter in diesen Tagen die Abdankung des Kaisers als dringend notwendig. Dem Kaiser legten sie die Abdankung oder den Heldentod nahe, aber Wilhelm II. floh nach Holland ins Exil.

Am 09. November 1918 wurden durch Philipp Scheidemann (SPD) mit der Ausrufung der Republik in Berlin Tatsachen geschaffen, die nicht mehr umkehrbar waren – das Deutsche Reich wurde zur Republik.

Prinz Max von Baden verkündigte am 09. November 1918 das Ende der Monarchie und ernannte Friedrich Ebert zum neuen Reichskanzler. Am 11. November wurde der Vertrag (Waffenstillstand) in Compiègne (nördlich von Paris) unterzeichnet. Somit erkannte das Deutsche Reich seine Niederlage an, ohne irgendwelche Bedingungen zu stellen.

Seit diesem Tag wurden die Regierungsgeschäfte durch den Rat der Volksbeauftragten wahrgenommen (einem provisorischen Revolutionsgremium mit jeweils drei SPD- und USPD-Mitgliedern).

Dieser Rat regierte bis zum 13. Februar 1919. Ab dann übernahm der von der Nationalversammlung gewählte Reichskanzler Philipp Scheidemann (SPD) die Regierungsgeschäfte.

Am 11. November 1918 hatte der Waffenstillstand von Compiègne die Kampfhandlungen des 1. Weltkriegs beendet, nicht aber den Kriegszustand. Die deutsche Delegation durfte an den Verhandlungen nicht teilnehmen. Erst am Schluss konnte sie durch schriftliche Eingaben wenige Nachbesserungen des Vertragsinhalts erwirken.

Unter großem Protest und nach ultimativer Aufforderung unterzeichneten die Deutschen am 28.06.1919 im Spiegelsaal von Versailles den „Friedensvertrag von Versailles (Versailler Vertrag, Friede von Versailles).

Der Vertrag trat am 10.01.1920 nach der Ratifizierung (*Die Ratifizierung ist die völkerrechtlich verbindliche Erklärung des Abschlusses eines völkerrechtlichen Vertrages durch die Vertragsparteien*) und dem Austausch der Urkunden in Kraft.

Zu den Unterzeichnern gehörten neben Deutschland:

Belgien

Brasilien

Frankreich

Guatemala

Hedschas

Italien

Königreich der Serben

Slowenen

Liberia

Panama

Polen

Rumänien

Tschechoslowakei

Vereinigten Staaten (USA)

Bolivien

Ecuador

Griechenland

Haiti

Honduras

Japan

Kroaten

Kuba

Nicaragua

Peru

Portugal

Siam

Uruguay

Vereinigtes Königreich

China, das sich seit 1917 mit Deutschland im Krieg befand, unterzeichnete den Vertrag nicht.

Der Kongress der Vereinigten Staaten verweigerte dem Versailler Vertrag die Ratifikation und trat dem Völkerbund nicht bei. Sie schlossen 1921 einen Sonderfriedenvertrag mit Deutschland (Berliner Vertrag).

Weitere „Pariser Vorortverträge" mit den Verlierern folgten: am 10.09.1919 der Vertrag von St. Germain mit Deutschösterreich, am 27.11.1919 der Vertrag von Neuilly-sur-Seine mit Bulgarien, am 04.06.1920 der Vertrag von Trianon mit Ungarn und am 10.08.1920 der Vertrag von Sèvres mit dem Osmanischen Reich.

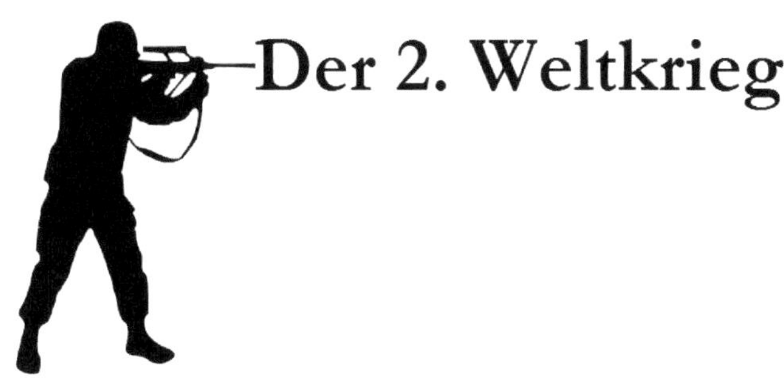

Der 2. Weltkrieg

Am 01. September 1939 begann mit dem Überfall auf Polen der Zweite Weltkrieg und endete 1945.

Der Krieg kostete in sechs Jahren knapp 60 Millionen Menschen das Leben.

Am 03. September 1939 erklärten Großbritannien und Frankreich dem Deutschen Reich den Krieg. Wenige Tage später schlossen sich auch Indien, Australien, Neuseeland, die Südafrikanische Union und Kanada der britischen Kriegserklärung an.

Im Verlauf des Krieges bildeten sich zwei militärische Allianzen, die als Achsenmächte und Alliierte bezeichnet werden. Es waren über 60 Staaten am Krieg beteiligt.

Der Krieg wurde gekennzeichnet durch Flächenbombardements, Blitzkriege, Atomwaffen, Porajmos, Holocaust und viele Kriegsverbrechen.

Auch die Bekämpfung der Zigeuner mündete in einem Völkermord.

Porajmos und Shoa (nationalsozialistischer Völkermord an den Juden Europas) stehen nach der Motivation der Täter, nach dem Ablauf der Ereignisse und Methoden sowie nach den Ergebnissen ihrer Realisierung nebeneinander.

Holocaust (vollständig verbrannt) oder Schoah (die Katastrophe): Völkermord an 5,6 bis 6,3 Millionen Menschen, die in Europa in der Zeit des Nationalsozialismus als jüdisch definiert wurden. Er gründete auf dem vom NS-Regime propagierten Antisemitismus (vollständige Vernichtung der europäischen Juden von 1941 bis 1945).

Porajmos (das Verschlingen) bezeichnet den Völkermord an den europäischen Roma (Zigeuner). Die Zahl der Opfer ist bis heute nicht bekannt, nach unterschiedlichen Schätzungen liegt sie im sechsstelligen Bereich.

Zigeuner bezeichnet Menschen, denen in Stereotypen ausgeprägte, jeweils auffällige, von der Mehrheitsbevölkerung abweichende Eigenschaften zugeordnet werden. Ihre genaue Herkunft (gemeineuropäischen Ethnonyms) ist unsicher. Von den meisten Gelehrten gibt es die These, dass es Anhänger einer gnostischen Sekte sind, die vor allem in Phrygien (westliches Anatolien) beheimatet war.

In manchen geschichtswissenschaftlichen Darstellungen wird der Beginn des 2. Japanisch-Chinesischen Kriegs am 07. Juli 1937 als eigentlicher Beginn des 2. Weltkrieges angegeben.

Zuerst eroberte Deutschland Polen (September 1939), Dänemark und Norwegen (April bis Juni 1940) sowie die Niederlande, Belgien und Frankreich (Mai bis Juni 1940). Großbritannien blieb der einzige Staat, der ein handlungsfähiger Gegner Deutschlands war.

Hitler befahl in einer persönlichen Weisung (Nr. 170/39 vom 31.08.1939) am 01. September 1939 um 4 Uhr 45 den Angriff auf Polen.

Es gab keine formale Kriegserklärung. Um den Angriff auf Polen zu rechtfertigen, fingierte die deutsche Seite mehrere Vorfälle. Z. B.: Den Überfall auf den Sender Gleiwitz von als polnischen Widerstandskämpfern verkleideten SS-Angehörigen am 31. August. Es wurde im Radio wahrheitswidrig eine Kriegserklärung Polens an das Deutsch Reich verkündet. Der Tarnname war „Unternehmen Tannenberg".

SD-Chef (Sicherheitsdienst) Reinhard Heydrich befahl am 10.08.1939 dem SS-Sturmbannführer Alfred Naujocks, einen Anschlag auf die Radiostation bei Gleiwitz (Nähe der polnischen Grenze) vorzutäuschen.

Überfall auf den Sender Gleiwitz

Quelle:
https://de.wikipedia.org/wiki/%C3%9Cberfall_auf_
den_Sender_Gleiwitz

Fakten:

Am 22.06.1940 kapitulierte Frankreich.

Am 22.06.1941 griff Deutschland die Sowjetunion an.

Großbritannien verblieb als einziger Kriegsgegner.

Der Angriff begann durch das deutsche Linienschiff Schleswig Holstein auf die polnische Stellung Westerplatte (bei Danzig). Mit zirka 1,5 Million Soldaten marschierten sie in Polen ein.

Der Krieg wurde bis Mitte 1941 von der deutschen Wehrmacht in Europa vorwiegend als Eroberungskrieg geführt. In kurz geführten Feldzügen wurden nach Polen, Dänemark, Norwegen, Belgien, die Niederlande, Luxemburg, der Großteil Frankreichs, Jugoslawien und Griechenland erobert und besetzt. Die eroberten Gebiete wurden teils ins Deutsche Reich eingegliedert und teils vom Deutschen Reich abhängigen Regierungen beherrscht und wirtschaftlich ausgebeutet.

Großbritannien nahm Hitlers sogenanntes Friedensangebot vom 19.07.1940 nicht an.

Hitler verkündete am 31.07.1940 den Generälen seine Absicht, für 1941 einen Angriff auf die Sowjetunion vorzubereiten. Am 17. September verschob er das „Unternehmen Seelöwe" auf eine unbestimmte Zeit.

Ein Angriff auf die Sowjetunion wurde von Hitler als wenig riskant angesehen. Er ereignete sich am 22.06.1941 (Unternehmen Barbarossa). Diese Front wurde neben der japanisch-chinesischen die am längsten bestehende Front im Zweiten Weltkrieg und forderte die meisten Opfer.

Die Deutschen eroberten große Gebiete des europäischen Teils der Sowjetunion. Nachrückende Einheiten der SS und Einsatzgruppen hatten den Auftrag, die Gebiete rücksichtslos auszubeuten. Dabei wurden auch zirka zehntausend Juden umgebracht.

Sowjetische Truppen marschierten am 25.08.1941 als Reaktion auf den deutschen Angriff im Rahmen der Anglo-Sowjetischen Invasion in den Iran ein. Das Ziel ihres Angriffes waren die Sicherung der Ölförderung der Anglo-Iranian Oil Company und die Übernahme der Transiranischen Eisenbahn, um die Truppen auf dem Weg über den Iran mit Nachschub versorgen zu können.

Die USA, die Großbritannien indirekt unterstützt hatte, erklärte ein halbes Jahr später Hitler den Krieg. Die Konfrontation fand erstmals im November 1942 in Nordafrika (Operation Torch) statt.

Die USA hatten in dem Konflikt formal Neutralität gewahrt. Die Bevölkerung ermöglichte es Präsident Roosevelt nicht, direkt an der Seite der Sowjetunion und Großbritanniens in den Krieg einzugreifen.

Japan nutzte den Ausbruch des Krieges und zwang Großbritannien zur Schließung der Burmastraße. Im September 1940 schloss Japan in Berlin den Dreimächtepakt mit Deutschland und Italien. Dieser Pakt sollte dazu dienen, die USA von einem Kriegseintritt abzuhalten.

Der Kongress der USA schuf mit dem Leih- und Pachtgesetz (11.03.1941) die legale Grundlage für die vorher bereits praktizierte Unterstützung Großbritanniens. Bereits am 31.07.1941 froren die USA, Großbritannien und die Niederlande die finanziellen Mittel Japans ein. Dies kam einem Embargo gleich, sodass die Führung des japanischen Kaiserreichs sich zu einem Krieg gegen die USA, Großbritannien und die Niederlande entschloss.

Japan griff am 07.12.1941 die US-Pazifikflotte in Pearl Harbor an und am 11. Dezember befanden sich die USA auch offiziell im Kriegszustand mit den Achsenmächten.

Roosevelt erinnerte trotz des japanischen Angriffs seine Berater daran, dass Deutschland das Hauptziel bleibe.

Dieser Grundsatz (Germany first) wurde während der Arcadia-Konferenz mit dem Entschluss, Deutschland als den gefährlichsten Gegner zuerst zu besiegen, bestätigt. Es würde über kurz oder lang auch den Zusammenbruch Japans herbeiführen.

Zu ersten Kampfhandlungen zwischen US-amerikanischen und deutschen Truppen kam es Ende 1942 in Nordafrika.

Am 08. November 1942 wurde die Lage der deutschen Truppen in Nordafrika aussichtslos. Die Deutschen und italienischen Truppen wurden von zwei Seiten in die Zange genommen (in Casablanca und Algier). Tobruk ging am 13. November wieder in britische Hand über und Tripolis am 23. Januar 1943.

Rommel konnte im Februar 1943 den US-Amerikanern in der „Schlacht am Kasserinpass (nahe der tunesisch-algerischen Grenze)" eine schwere Niederlage zufügen – er konnte aber deren weiteres Vordringen nicht aufhalten.

Im März und April wurden die Truppen der Achsenmächte im Tunesienfeldzug eingekesselt, nur noch an der Mareth-Linie wurde Widerstand geleistet. General von Arnim (Rommel war abberufen worden) kapitulierte am 12. Mai 1943 in Hammamet (Tunesien).

Am 13. Mai ergab sich die italienische erste Armee (Zirka 250.000 deutsche und italienische Soldaten gerieten bei Tunis in Kriegsgefangenschaft). Die Sieger waren USA, Großbritannien und Frankreich.

Nach dem Sieg in Tunesien entschieden sich die USA und Großbritannien zunächst für eine Landung auf Sizilien. Sie wollten dadurch den Seeweg zwischen Ägypten und Gibraltar öffnen, was zu einer Verkürzung der bisherigen Schifffahrtsrouten um Afrika herum führen würde.

Die Sowjetunion wünschte sich, dass Großbritannien und die USA die zweite Front in Frankreich eröffneten, weil sie sich davon eine stärkere Entlastung für die eigene Front erhofften. Churchill lehnte jedoch ab, weil es für eine Invasion im Westen im Jahre 1943 noch zu früh war.

Unter dem Befehl „Dwight D. Eisenhowers" landeten am 10. Juli 1943 die Briten und die Amerikaner im Südosten Siziliens (Operation Husky). Hitler brach daraufhin am 13. Juli das „Unternehmen Zitadelle" ab und verlegte gegen den Willen Mansteins am 17. Juli das II. SS-Panzerkorps aus Russland nach Italien.

Am 24. Juli 1943 beschloss der „Große Faschistische Rat" auf einer Sitzung die Rückkehr Italiens zu verfassungsmäßigen Zuständen.

Fazit: Der Italienfeldzug, der mit der Invasion Siziliens 1943 begann, dauerte bis zum Kriegsende 1945. Er wurde vom Allied Forces Headquarters (für alle Operationen im Kriegsschauplatz Mittelmeerraum) geleitet.

Mit zirka 320.000 alliierten und zirka 330.000 deutschen Gesamtverlusten (inklusive Verwundeten und Vermissten), war Italien einer der verlustreichsten Kriegsschauplätze in Westeuropa.

Am 06. Juni 1944 begann die Invasion in der Normandie – am 25. August wurde Paris befreit.

Unter dem Decknamen „Operation Overlord" fand die Landung der Westalliierten in Frankreich im 2. Weltkrieg statt. Die damit verbundene Einrichtung der 2. Frontlinie führte zur Entlastung der Roten Armee gegen den gemeinsamen Feind Hitlerdeutschland.

Im November 1943, auf der Konferenz von Teheran (Anti-Hitler-Koalition) nahm zum ersten Mal Josef Stalin teil. Angekündigt wurde diese Operation von US-Präsident Franklin D. Roosevelt und dem britischen Premier Winston Churchill.

Am 7. März 1945 erreichten US-Soldaten die nicht vollständig zerstörte Brücke in Remagen (südlich des Ruhrgebiets). Dort richteten sie einen Brückenkopf auf dem rechtsrheinischen Ufer ein.

Die „Operation Plunder" begann am 23. März zur Rheinüberquerung nördlich des Ruhrgebiets bei Wesel durch amerikanische, britische und kanadische Soldaten.

Die Heeresgruppe B der Wehrmacht (unter Feldmarschall Walter Model) mit zirka 320.000 Soldaten (mehr als in Stalingrad) wurde am 01. April im sogenannten Ruhrkessel eingeschlossen. Damit war der Krieg im Westen, sozusagen militärisch, endgültig verloren und Model kapitulierte am 18. April. Am gleichen Tag nahmen US-Truppen die Stadt Magdeburg ein und zwei Tage später auch Leipzig.

Am 08. Mai 1945 endete der Krieg auf dem europäischen Kontinent, Deutschland hatte kapituliert.

Es gab zwei offizielle Kapitulationserklärungen: Die erste wurde am 07. Mai 1945 (im französischen Reims) unterzeichnet, die zweite in der Nacht zum 09. Mai 1945 in Berlin.

Am 06. August 1945 warfen die USA eine Atombombe über Hiroshima ab und am 08. August erklärten die Sowjetunion (unter Verletzung ihres Neutralitätspakts mit Japan) dem Kaiserreich und seinen Verbündeten den Krieg. Kurz nach Mitternacht griffen ihre Truppen den japanischen Marionettenstaat Mandschukuo und die japanischen Positionen auf den Kurilen an. Die USA warf am gleichen Tag eine zweite Atombombe über Nagasaki ab.

Dies führte dazu, dass Tennō Hirohito dem Obersten Kriegsrat befahl, die Bedingungen des Potsdamer Abkommens zu akzeptieren und zu kapitulieren. Nach einem versuchten Putsch hielt Tennō Hirohito am 15. August eine reichsweit ausgestrahlte Radioansprache. Er gab die bedingungslose Kapitulation des japanischen Kaiserreichs vor den Alliierten bekannt.

Der Kriegszustand zwischen den USA und Japan endete offiziell am 28. April 1952 mit der Unterzeichnung des Friedensvertrages von San Francisco.

Der KALTE Krieg

Als „Kalten Krieg" bezeichnet man eine Auseinandersetzung zwischen Ländern, die nicht mit kriegerischen Waffen geführt wird. Der Krieg wird zwar nicht mit Waffen geführt, aber die Gegner drohen sich trotzdem und rüsten meist auf. Sie führen den Krieg oft auf wirtschaftlicher Ebene.

Herbert B. Swope gilt als Urheber des Begriffs. Er war Mitarbeiter des Finanzfachmannes Bernard Baruch (Berater des US-Präsidenten Franklin D. Roosevelt und Harry S. Truman).

Der „Kalte Krieg" war die Hochphase eines Weltkonflikts. Er begann 1917 mit der russischen Oktoberrevolution unter Lenins Führung.

Es folgte der Russische Bürgerkrieg, der sich in den 1920er und 1930er Jahren durch den Revolutionsexport der Kommunistischen Internationale fortsetzte.

Zu wichtigen Bestandteilen des „Kalten Krieges" entwickelten sich das Wettrüsten und eine zielgerichtete Bündnispolitik.

Die Supermächte betrieben seit den Atombombenabwürfen auf Hiroshima und Nagasaki ein beispielloses atomares Wettrüsten.

Der Ost-West-Konflikt eskalierte in regional begrenzten Konflikten wie z. B.: Koreakrieg (1950), Berliner Blockade (1948), Kubakrise (1962) sowie im Jahre 1983 im Zuge des Nato-Manövers „Able Archer".

Die beidseitige Androhung des Atomkrieges unter dem Begriff „Abschreckung" beschwor erstmals die mögliche Selbstauslöschung der Menschheit herauf.

Die USA betrachten die Staaten Mittelamerikas seit dem 18. Jahrhundert als „Backyard (Hinterhof). Sie nahm die Kubanische Revolution (1959) als Bedrohung war, was sich in der Kubakrise (1962) bestätigte.

Deutlich zeigte sich der „Kalte Krieg" an der Spaltung Deutschlands und Europas (entlang des Eisernen Vorhangs).

Die beiden gegründeten deutschen Staaten (1949) standen bis zur friedlichen Revolution in der Deutschen Demokratischen Republik in einem prekären Verhältnis zueinander.

In der Politik wird der „Eiserne Vorhang" nach dem Namensgeber aus dem Theaterbau sowohl der ideologische Konflikt als auch die physisch abgeriegelte Grenze bezeichnet, durch die Europa in der Zeit des Kalten Krieges geteilt war. Bis zum Jahr 1989 bildete er die Trennlinie zwischen den kapitalistisch orientierten Staaten im Westen und den kommunistisch regierten Staaten im Osten.

Die innerdeutsche Grenze zwischen der BRD und der DDR (Berliner Grenze) war Teil des Eisernen Vorhangs.

Die BRD erkannte die DDR bis zur neuen Ostpolitik (unter Bundeskanzler Willy Brandt) nicht als Staat an. Sie unterhielt auch nach dem Grundlagenvertrag (1972) offiziell keine Botschaft, sondern eine ständige Vertretung.

Die DDR bezeichnete „Ost-Berlin" als Hauptstadt der DDR, obwohl dies den Viermächte-Status von ganz Berlin verletzte.

Der „Viermächte-Status" begründet die rechtliche und organisatorische Umsetzung der gemeinsamen Verantwortung der Hauptsiegermächte im „Zeiten Weltkrieg (1945).

Spionage, geheimdienstliche Aktionen, gezielte Desinformation, Propaganda, Sabotage, Geiselnahmen und Morde an missliebigen Personen kennzeichnen den „Kalten Krieg" sowohl zwischen den Supermächten als auch ihren Verbündeten.

Heute weiß man, dass die DDR terroristische und separatistische Gruppen in Westeuropa (Gruppe Ralf Forster) finanziell sowie auch logistisch unterstütze.

„Ralf Forster" (DKP-Militärorganisation oder DKP-MO, Gruppe Aktion) war eine geheime Militärorganisation.

Quelle: Wikipedia:
https://de.wikipedia.org/wiki/Gruppe_Ralf_Forster

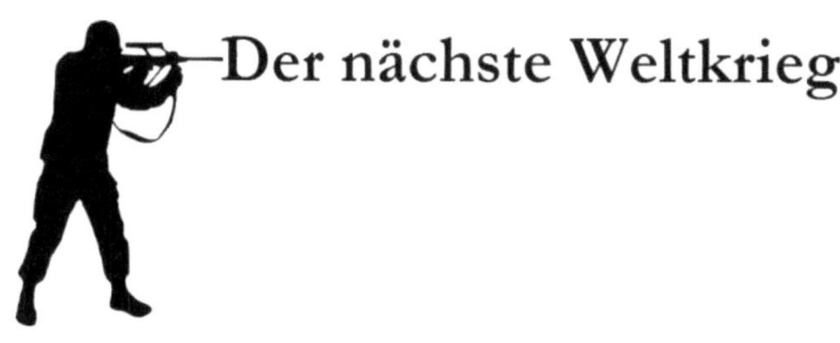Der nächste Weltkrieg

Der nächste Weltkrieg wäre nicht der erste Krieg, der durch ein weltpolitisch unbedeutendes Ereignis ausgelöst werden könnte. Ein Beispiel ist das Attentat von 1914, bei dem das Thronfolgerpaar aus Österreich (Franz Ferdinand und seine Frau) erschossen wurde. Die Folge war der erste Weltkrieg.

Steht UNS ein dritter Weltkrieg „ein asymmetrischer Konflikt ohne Grenzen" bevor? Er wäre nicht mit Stalingrad und Verdun zu vergleichen. Dieser Krieg würde Dimensionen annehmen, die noch über den globalen Charakter konventioneller Kriege hinausreichen würden.

Bis zum heutigen Tag herrschen weltweit in mehr als 20 Ländern immer noch Kriege. Syrien ist wohl im Moment das aktuellste Beispiel. Seit Anfang 2011 bekämpfen sich in diesem Land drei Gruppen.

Hinzu kommt, dass es seit fast 50 Jahren Kriege gibt, die bis heute immer noch andauern (Indonesien „Papua-Krieg").

Die Formen des Krieges sind vielfältig und nicht unbedingt an Staaten oder Staatssysteme gebunden. Diese können auch innerhalb von Staaten stattfinden als Weltkrieg, Völkermord, Bürgerkrieg, Unabhängigkeitskrieg oder bewaffneter Konflikt.

In der belegbaren Geschichtsschreibung hat es knapp 14.400 Kriege gegeben, denen zirka 3,5 Milliarden Menschen zum Opfer fielen.

Die Parteien des Krieges beurteilen ihre eigene Kriegsbeteiligung als notwendig und gerechtfertigt. Ihre organisierte Kollektivgewalt bedarf also immer einer Legitimation.

Der Krieg als Staatsaktion erfordert immer ein Kriegsrecht im Innern eines Staates und auch ein Kriegsvölkerrecht zur Regelung zwischenstaatlicher Beziehungen, was vor allem Angriffs- von Verteidigungskrieg unterscheidet.

Sigmund Freud, Irenäus Eibl-Eibesfeldt sowie Konrad Lorenz sahen den Ursprung des Krieges in der Naturgeschichte der Aggression. In der Verhaltensforschung und Primatologie schloss sich ein Streitgespräch über Kriege unter Tieren (nichtmenschliche Primaten) an.

Zum Beispiel gibt es „gemeine Schimpansen (keine Bonobos)", die kennen sowohl die koordinierte Jagd (Nahrungserwerb) sowie intraspezifische Konkurrenz in Form innerartlicher Kämpfe.

Der menschliche Aggressionstrieb könnte sich aus der Abwehr gegen Raubtiere entwickelt haben, denn mit der Entwicklung der Waffen und der Verwendung von Feuer wurden Raubtiere (Gefahr für die menschliche Spezies) getötet. So wurden die Methoden zur Abwehr und Jagd prinzipiell auch auf den Kampf mit anderen Menschen übertragen.

Der Homo erectus kannte schon das Feuer und verfügte über sorgfältig hergestellte Waffen. Ob sie diese über die Jagd hinaus verwendeten, ist ungewiss. Inwieweit es Konflikte zwischen den modernen Menschen und den Neandertalern gab und diese zum Aussterben der letzteren beitrugen, ist bis heute unbeantwortet.

Ethnologen beobachten bis heute bei lebenden Steinzeitvölkern (Yanomami und Maring in Papua-Neuguinea) kriegerische Auseinandersetzungen mit Mistgabeln, Dreschflegeln und Sensen.

Aus dem Jahr 1932 gibt es einen Briefwechsel zwischen Siegmund Freud und Albert Einstein. Der Physiker Einstein fragte den Psychoanalytiker Freud, wie es zu einem Krieg kommen kann. Die Antwort ist in der Tendenz eher entmutigend, insofern Freud einen dem Menschen innewohnenden Trieb zum Tode als eine wesentliche Ursache nennt.

Zum Beispiel die Anschläge in Paris

Die blutigsten Terrorakte in Europa (Paris) seit gut zehn Jahren schockierten am 13. November 2015 die ganze Welt.

Bei sechs Anschlägen wurden 129 Menschen getötet und mehr als 350 Menschen verletzt. Diese Massaker waren nach den ersten Ermittlungen eine minutiös koordinierte Kommandoaktion von Anhängern der Miliz Islamischer Staat (IS). Dies geschah fast genau ein Jahr nach den Anschlägen auf die Redaktion der Satire-Zeitung „Charlie Hebdo".

Frankreichs Präsident Hollande spricht von Krieg und hat den Notstand ausgerufen. Frankreich startete Luftangriffe auf die syrische IS-Hochburg „Rakka".

Die Terroranschläge haben international Trauer und Bestürzung ausgelöst und der Uno-Sicherheitsrat verurteilte diese als „barbarische und feige terroristische Angriffe".

Die Attentate fanden an fünf verschiedenen Orten (10. und 11. Pariser Arrondissement) sowie in drei Vororten (Saint-Denis) statt.

Die Angriffe richteten sich gegen die Zuschauer eines Fußballspiels (im Stade de France), gegen die Besucher eines Konzerts (im Bataclan-Theater) sowie gegen die Gäste zahlreicher Cafés und Restaurants.

Die Regierung Valls (Kabinett Valls II ist die amtierende Regierung Frankreichs seit dem 26.08.2014) rief daraufhin eine dreitägige Staatstrauer aus (Präsident François Hollande).

Als erstes Land in der Geschichte der Europäischen Union, beantragte Frankreich am 17. November 2015 den Beistand der anderen EU-Staaten im Rahmen der Regelungen der Gemeinsamen Sicherheits- und Verteidigungspolitik (Art. 42 Abs. 7 des EU-Vertrags).

Abdelhamid Abaaoud (der mutmaßliche Planer der Anschläge) starb wenige Tage nach dem Attentat bei einer Razzia im Pariser Vorort Saint-Denis.

Abdelhamid Abaaoud wurde 1987 als eines von sechs Kindern marokkanischer Eltern in Anderlecht bzw. Molenbeek-Saint-Jean in der belgischen Region Brüssel-Hauptstadt geboren. Sein Vater war 1975 aus dem Süden Marokkos nach Belgien gekommen und hatte in einem Bergwerk gearbeitet, bevor er ein Bekleidungsgeschäft eröffnete. Quelle: https://de.wikipedia.org/wiki/Abdelhamid_Abaaoud

Marc Trévidic (französischer Untersuchungsrichter für Terrorstraftaten) äußerte sich ein paar Wochen vor dem Attentat in Paris in einem Interview mit der Zeitschrift „Paris Match". Er sagte, dass Frankreich eines der Hauptziele eines terroristischen Überbietungswettbewerbes sei.

Einige Terrororganisationen beabsichtigen, eine Art „Prix Goncourt (französischer Literaturpreis)" des Terrorismus zu gewinnen. Diese Terrororganisationen möchten das Ausmaß des 11. September 2001 übertreffen. Dies sollte bevorzugt in Frankreich geschehen seitens „Abu Bakr al-Baghdadis (dem Anführer des sogenannten Islamischen Staates IS)". Frankreich sei für die Terroristen näher und leichter erreichbar.

Schon im Jahre 1994 brachte eine Gruppierung der GIA den Air-France-Flug 8969 in ihre Gewalt. Es war geplant, das Flugzeug über Paris abstürzen zu lassen.

Was ist die GIA? GIA ist eine Bezeichnung für eine islamistische Gruppierung (seit den 1990er-Jahren), die im Rahmen des algerischen Bürgerkriegs „Gewalt- und Greueltaten" verüben. Sie war von 1993 bis 2005 in Algerien und seit Ende 1994 auch in Frankreich aktiv.

Durch die GIA kam es 1995 zu einer Anschlagsserie in Paris mit Attentaten in Zügen (Pariser Métro) und dem RER (Regionales Express(bahn)netz).

Es folgte im Dezember 1996 der Anschlag im Pariser Bahnhof (Port Royal).

Seit dem 07. Juli 2005 (Terroranschläge in London) galt in der Region Paris die höchste Terrorwarnstufe des Plan Vigipirate (Begriff für französische Sicherheitsmaßnahmen zum Schutz gegen Terrorismus).

Die zweite größere Terrorattacke in Frankreich geschah am 13. November 2015, elf Monate nach dem Angriff auf die Redaktion des Satiremagazins „Charlie Hebdo" und der Geiselnahme an der Porte de Vincennes am 07. Januar 2015.

Nur ein Tag danach, am 08.01.2015 wurde im Süden von Paris eine Polizistin erschossen. Der Täter überfiel darauf den Supermarkt „Hyper Cacher (koschere Waren)", tötete 4 Menschen und nahm weitere Menschen als Geiseln. Der Täter bekannte sich telefonisch zum Islamischen Staat und erklärte, dass sein Vorgehen in Verbindung mit dem Anschlag auf Charlie Hebdo stehe. Bei der Erstürmung des Supermarktes wurde er durch Sicherheitskräfte erschossen.

Am 26. Juni 2015 wurde von einem Einzelgänger der Terroranschlag von Saint-Quentin-Fallavier begangen – eine Reihe weiterer Anschläge konnten im Vorfeld verhindert werden.

Am 21. August 2015 versuchte ein Attentäter mit einem Sturmgewehr einen Anschlag im Thalys-Zug 9364 zu verüben. Fünf Männer (drei Amerikaner, ein Brite, ein Franzose) haben sich mutig dem Angreifer im Zug entgegengestellt.

Ermittlungen ergaben, dass Ayoub El Kahzani (26 Jahre alt) marokkanischer Abstammung ist. Er wäre zuvor vom spanischen Geheimdienst beobachtet worden und diese Informationen lagen auch den französischen Sicherheitsbehörden vor.

Am 23. August lies „Ayoub El Kahzani" über seine Anwältin mitteilen, dass er die Mitreisenden nur berauben wollte und wies jeden Terrorverdacht zurück. Behördenkreise vermuten nach den Terroranschlägen am 13. November 2015 in Paris, dass der islamistische Terrorist „Abdelhamid Abaaoud" auch hinter dem Anschlag im Thalys-Zug stand. Er kam am 18. November 2015 bei einer Polizeirazzia in Saint-Denis ums Leben.

Nur ein Tag vor dem Anschlag in Paris verübte der „Islamische Staat" einen Anschlag in der libanesischen Hauptstadt Beirut (vor einer Bäckerei und einer Morschee). Die Selbstmordattentäter und 47 Menschen starben, 230 Menschen wurden verletzt.

Ein weiterer Terroranschlag war der Absturz des Fluges „Kogalymavia-Flug 9268" am 31. Oktober 2015 auf der Sinai-Halbinsel. Das Flugzeug war ein Metrojet-Charterflug der russischen Fluggesellschaft Kogalymavia (von Ägypten nach Sankt Petersburg). Es gab 224 Tote. Die ägyptische Unfalluntersuchungsbehörde betont, dass keine Ursache festgestellt wurde. Die terroristische Vereinigung „Islamsicher Staat" hat sich nach dem Absturz zu dem Anschlag bekannt.

Zum Unfallzeitpunkt registrierte ein amerikanischer Beobachtungssatellit einen Hitzeblitz über dem Sinai.

Der russische Präsident Wladimir Putin versprach, die Schuldigen des Anschlages zu finden und zu bestrafen, nachdem der russische Geheimdienst am 17. November von einem Sprengstoffanschlag ausging.

Michael E. Leiter (Terrorismusexperte) sprach von einem „game changer (Paradigmenwechsel)" für die westliche Welt. Er sagt, dass die Attacken in ihrem Komplexitätsniveau nur mit den Anschlägen vom 26. November 2008 in Mumbai (Indien) vergleichbar seien.

Michael Evan Leiter (*1969) ist ein US-amerikanischer Antiterror- und Cybersecurity-Experte und von 2007 bis 2011 Direktor des National Counterterrorism Center.

Direktor Bruce Hoffmann (*1954) wies darauf hin, dass Osama bin Laden im Jahr 2010 al-Qaida-Zellen dazu aufgerufen hatte, Anschläge im Stile der von Mumbai zu wiederholen. Er ist der Meinung, dass dem IS nun gelinge, woran die al Qaida damals gescheitert sei.

Usāma ibn Muhammad ibn Awad ibn Lādin, allgemein bekannt als Osama bin Laden, war ein saudi-arabischer, seit 1994 staatenloser Terrorist. Quelle: Wikipedia

Wer war Osama bin Laden (Usāma ibn Muhammad ibn Awad ibn Lādin

Laut Wikipedia wurde „Osama bin Laden" zwischen März 1957 und Februar 1958 in Riad (Saudi-Arabien) geboren und verstarb „vielleicht" am 02. Mai 2011 in Abbottabad (Pakistan).

Laut Wikipedia war er ein saudi-arabischer, seit 1994 staatenloser Terrorist und Gründer sowie Anführer der Gruppe „al-Qaida". Er plante unter anderem die von ihr ausgeführten Terroranschläge vom 11. September 2001.

Quelle:
https://de.wikipedia.org/wiki/Osama_bin_Laden

Osama bin Laden stammte aus einer wohlhabenden Unternehmerfamilie. Seit den 1980er Jahren unterstützte er den Kampf der Mudschaheddin im Sowjetisch-Afghanischen Krieg. 1998 (nach dem 2. Golfkrieg) erklärte Osama bin Laden in einer Fatwa das Töten von Zivilisten und Soldaten der Vereinigten Staaten überall zur Pflicht jedes Muslims. Seit den Terroranschlägen auf die Botschaften der Vereinigten Staaten in Nairobi und Daressalam (1998) gehörte er zu den meistgesuchten Personen seitens des FBI.

Fatwa: Ist eine von einer muslimischen Autorität auf Anfrage erteilte Rechtsauskunft. Diese dient dem Zweck, ein religiöses oder rechtliches Problem zu klären, das unter den Muslimischen Gläubigen aufgetreten ist.

Der Terroranschlag am 11. September 2001

Begann der nächste Krieg (3. Weltkrieg) vielleicht schon am 11. September 2001?

Terroristen zerstörten mit Hilfe von zwei Passagierflugzeugen das World Trade Center in New York. Zwei weitere Flugzeuge wurden entführt, eine Maschine flog ins Pentagon, die andere wurde abgefangen.

Das World Trade Center (1968) bestand aus 2 Türmen (Zwillingstürme): Der Südturm war 415 Meter hoch, der Nordturm 417 Meter. Zirka 200.000 Tonnen Stahl wurden verwendet. Nach den Anschlägen mussten 1,8 Millionen Tonnen Schutt vom Ground Zero beseitigt werden.

Kein Mensch wird wohl die apokalyptischen Bilder vergessen können, die weltweit von den Fernsehsendern an diesem Tag übertragen wurden.

Fast 3000 Menschen fanden den Tod, zirka 15.100 von 17.400 Personen konnten sich aus den WTC-Gebäuden retten.

Die USA reagierten auf den Terror mit einem Militärschlag gegen Afghanistan. Sie vermuteten den Drahtzieher des Anschlages (Osama bin Laden) in diesem Land. Mit der Unterstützung Großbritanniens stürzten die USA Ende 2001 das Taliban-Regime. Im Anschluss beschloss der UN-Sicherheitsrat eine internationale Schutztruppe für Afghanistan. Seit dieser Zeit sind zirka 10 Tausend Soldaten aus mehr als 40 Ländern im Hindukusch.

Die USA begründete auch den Irakkrieg (2003) unter anderem mit den Anschlägen vom 11. September. 2004 bekannte sich Bin Laden erstmals als deren Initiator (wurde am 02.05.2011 von US-Soldaten getötet).

Der Irakkrieg (2. Irakkrieg oder 3. Golfkrieg) begann am 20. März 2003 mit der Bombardierung ausgewählter Ziele in Bagdad. George W. Bush erklärte am 01.05.2003 den Krieg für siegreich beendet.

Dale Watson (FBI-Antiterrorexperte) bezeugte 2002 die Verbindung der 19 Attentäter zu al-Qaida und zu Bin Laden und setzte die Ermittlungen mit zirka 7.000 von 11.000 Angestellten unter der Bezeichnung „PENTTBOM" jahrelang fort.

PENTTBOM ist der Codename des Federal Bureau of Investigation für die Untersuchungen der Terroranschläge (11.09.2001) in New York und Washington D.C.

„Ramzi bin arsch-Schaiba" sowie auch „Khalid Scheich Mohammed" schilderten im März 2002 dem „Al Jazeera-Redakteur Yosri Fouda" in Karatschi detailliert die fast zehnjährigen Vorbereitungen der Anschläge im Auftrag Bin Ladens. Die USA sehen anhand abgehörter Telefongespräche, Zeugenaussagen und Geldübergaben „Khalid und Mohammed Atef" als Hauptplaner der Anschläge.

Fazit: Muhammad Haidar Zammar gilt als Rekrutierer der Attentäter. Es heißt, dass Bin Laden 1999 die späteren Attentäter auswählte und finanzierte den Anschlagplan mit. Außerdem befahl er den späteren Flugzeugentführern im November 1999, in die USA zu fliegen.

Drei Tage vor der Wiederwahl von George W. Bush (01.11.2004), wandte sich Bin Laden an die US-Bevölkerung und erklärte, wann und warum er auf die Idee der Anschläge gekommen sei und dass noch weitere dieser Art folgen würden, falls die USA ihre Politik nicht änderten.

Al-Qaida orientiert sich seit dem 2. Golfkrieg „USA gegen den Irak (1991)" und der Stationierung von US-Militär in Saudi-Arabien auf den Kampf gegen den Westen. Sie prangern die USA als den „Großen Satan" an. Dieser würde den „kleinen Satan (Israel)" decken, um die islamische Nation zu unterdrücken (zu spalten). Weiterhin behaupten sie, dass der Westen von „Ungläubigen und Kreuzzüglern (Juden und Christen)" beherrscht sei. Sie leiten daraus das Recht „zum wahllosen Töten von Zivilisten und Bürgern verschiedenster Nationen" ab.

Schon 1995 versuchte der al-Qaida Flugzeuge als Bomben zu benutzen (Operation Bojinka). Der Versuch scheiterte.

Weitere verübte Anschläge gegen die US-amerikanischen Ziele von al-Qaida:

1993: Sprengstoffanschlag auf das WTC.

1998: Bombenattentate auf die US-Botschaften in Kenia und Tansania

2000: Selbstmordanschlag auf das Kriegsschiff „USS Cale (DDG-67)" im Jemen.

Präsident „Bill Clinton" antwortete 1998 mit Raketenangriffen auf vermutete afghanische Ausbildungslager der al-Qaida im Sudan.

09.09.2001: Selbstmordattentäter der al-Qaida verübten einen Anschlag auf Ahmad Schah Massoud. Die Taliban begannen eine Offensive gegen dessen Truppen im afghanischen Pandschschirtal.

Ahmad Schah Massoud ist bekannt als „Löwe von Pandschschir" und war ein berühmter afghanischer Feldherr. Er organisierte die Verteidigung des Tals während des Sowjetisch-Afghanischen Krieges bis zum Rückzug der Sowjetarmee.

Pandschschir ist eine der 34 Provinzen von Afghanistan und wurde am 13.05.2004 gegründet. Die Hauptstadt ist Bazarak und liegt zirka 100 km nordöstlich von Kabul.

Am 21.09.2001 beschloss der Europäische Rat, den Terrorismus im Gebiet der Europäischen Union (EU) vorrangig zu bekämpfen.

Die Aktienkurse an der Wall Street wurden durch den 11. September nicht sehr hart getroffen, dagegen waren die Folgen der Finanzkrise ab 2007 weitaus schlimmer. Die Wertpapierbranche hatte 2010 in New York nur noch 163.000 Beschäftigte, knapp 19 Prozent weniger als 2000.

Die FEMA (Katastrophenschutzbehörde) untersuchte bis Mai 2002 die Gebäudesicherheit und bautechnischen Probleme (Einsturz der WTC-Gebäude). Ihr Bericht wurde als unzureichend kritisiert und das National Institute of Standards and Technology (NIST) erhielt einen definierten Forschungsauftrag.

Zum 11. September gibt es viele Verschwörungstheorien. Diese gehen davon aus, dass die US-Regierung (Geheimdienste) die Anschläge wissentlich zugelassen oder selbst durchgeführt haben. Anhänger des sogenannten 9/11 Truth Movements fordern seit 2005 eine neue Untersuchung der Ereignisse.

Die „9/11 Truth Movement (Wahrheitsbewegung zum 11. September)“ ist eine Sammelbezeichnung für Gruppen und Organisationen in den USA.

Was passierte im Irakkrieg?

Die US-Regierung Bushs nutzte die Terroranschläge des 11. Septembers 2001 dazu, einen Invasionsplan national und international gegen Saddam Hussein durchzusetzen.

Die US-Regierung begründete diesen als notwendigen Präventivkrieg, um einen möglichen Angriff des Iraks mit Massenvernichtungsmitteln auf die USA zu verhindern.

Präventivschlag oder Präventivkrieg bezeichnet einen militärischen Angriff, der einem angeblich oder tatsächlich drohenden Angriff eines Gegners zuvorkommen soll – eine Offensive in defensiver Absicht. Das Kriegsvölkerrecht erlaubt nur Verteidigungskriege (Umfasst auch Präventivschläge, wenn ein Angriff unmittelbar bevorsteht).

Der Diktator wurde gestürzt, das Waffenarsenal sowie Beweise von Angriffsabsichten wurden nie gefunden.

Nach der US-Invasion geriet der Irak an den Rand des Bürgerkriegs. Geopolitische und wirtschaftliche

Interessen westlicher Staaten werden oft als tatsächliche Kriegsgründe genannt. Die letzten US-Truppen zogen Ende 2011 ab.

Laut dem Spiegel (Online), räumt der Ex-Premier Tony Blair Fehler bei der Planung des Irakkriegs ein. Die Briten sehen aber darin lediglich eine Strategie, um etwaiger Kritik zuvorzukommen, bevor der Irak-Untersuchungsbericht veröffentlicht wird.

Quelle: Spiegel Online vom 25.10.2015:

http://www.spiegel.de/politik/ausland/irak-tony-blair-entschuldigt-sich-fuer-fehler-im-krieg-a-1059485.html

Nach dem Kriegsende kam es während der Besetzung des Irak 2003 bis 2011 zu bürgerkriegsähnlichen Zuständen. Auch nach dem Abzug der ausländischen Truppen (2011) kam es zu keinem Frieden im Land. Die Expansion des Islamischen Staats in der Irakkrise (2014) wird zum Teil als Folge des Irakkriegs beurteilt.

Der Islamische Staat (seit 2003) ist eine aktive terroristisch agierende sunnitische Miliz mit über 10.000 Mitgliedern.

Saddam Hussein wurde am 13.12.2003 von US-Besatzungstruppen festgenommen (15 km von seiner Heimatstadt Tikrit).

Die Terrororganisation Islamischer Staat (IS)

Seit 2003 ist der „Islamische Staat" eine aktive terroristisch agierende sunnitische Miliz und bestand zu Anfang aus zirka 10.000 Kämpfern.

Derzeit beherrscht der IS größere Gebiete in Syrien, Irak, Libyen und kooperiert weltweit mit kleineren Terrorgruppen.

Diese Organisation wirbt weltweit im Internet um neue Mitglieder für ihre Bürgerkriege und Terroranschläge zu gewinnen. Ihr werden zahlreiche Kriegsverbrechen und Terroranschläge zur Last gelegt.

Diese Organisation war 2004 unter dem Namen „Al-Qaida" bekannt und ab 2007 unter dem Namen „Islamischer Staat im Irak (ISI)".

Von 2011 bis 2014 nannte sich die Organisation „Islamischer Staat im Irak und in Syrien (ISIS)"

Auch unter dem transkribierten arabischen Akronym „Daesch" ist sie bekannt.

Am 29.06.2014 verkündete die Organisation die Gründung eines Kalifats. Dies geschah nach der Militärischen Eroberung eines zusammenhängenden Gebietes im Nordwesten des Irak und im Osten Syriens.

Das Wort „Kalifat" steht für die Herrschaft, das Amt oder das Reich eines Kalifen und dieser steht als Nachfolger oder Stellvertreters des Gesandten Gottes. Somit stellt es eine islamische Regierungsform dar, bei der die weltliche und die geistliche Führerschaft in der Person des Kalifen vereint sind.

In der Form „Ḥalīfat Allāh – Stellvertreter Gottes" existiert der Kalifen-Titel seit den ab 661 regierenden Umayyaden.

Seit Juni 2014 bezeichnet sich Abu Bakr al-Baghdadi als „Kalif Ibrahim, der Befehlshaber der Gläubigen". Er sieht sich selbst in der Nachfolge des Propheten Mohammed.

Die Führungsspitze der Organisation IS wurde auch von einer Gruppe von ehemaligen Geheimdienstoffizieren der irakischen Streitkräfte gebildet. Sie wurde bis zu dessen Tötung 2014 von Haji Bakr angeführt.

Der Führer „Haji Bakr (Samir Abed al-Mohammed al-Khleifawi)", war ein ehemaliger irakischer Militäroffizier. Von 2010 bis 2014 war er der oberste Stratege der Terrorgruppe ISIS.

Nach der US-amerikanischen Besetzung verlor er seine Position als Geheimdienstoberst der irakischen Luftabwehr Saddam Husseins.

Haji Bakr schloss sich 2004 der Vorgängerorganisation des IS im Irak an. Er half 2010 dabei, Abu Bakr al-Baghadi an die Spitze des IS zu bringen und ging 2012 nach Syrien.

Offiziell fungierte Khleifawi als Kopf des Militärrates des ISIS und war der Stellvertreter Abu Bar al-Baghdadis in Syrien.

Ein irakischer Journalist berichtet, Haji Bakr sei kein Islamist gewesen, sondern ein hochintelligenter und exzellenter Logistiker.

Haji Bakr wurde im Januar 2014 von den schiitischen Rebellen getötet und seine Familie im Austausch gegen türkische Geiseln freigelassen.

Die Organisation hat ihren Ursprung im irakischen Wiederstand. Anfangs bekannte sie sich zu al-Qaida, von deren Führung sie sich 2013 löste. Sie wurde 2014 durch Aiman az-Zawahiri ausgeschlossen.

Laut Wikipedia vom 25.01.2016- Quelle:

https://de.wikipedia.org/wiki/Aiman_az-Zawahiri

Aiman az-Zawahiri gilt seit dem Tod Osama bin Ladens, im Mai 2011, als Nummer Eins in dessen Hierarchie. Er wurde 1951 in Ägypten geboren, ist Chirurg und war Chef der Untergrundorganisation al-Dschihad. Er steht auf der Liste der meistgesuchten internationalen Terroristen, die vom Außenministerium der Vereinigten Staaten bezeichnet werden. Für die Gefangennahme oder Tod, ist eine Belohnung von 25 Millionen US-Dollar ausgesetzt (laut Wikipedia (25.01.2016).

Der IS kämpft gegen die:

- Regierung von Präsident Baschar al-Assad

- Freie Syrische Armee

- gegen die kurdische Minderheit im Norden Syriens und Irak

Staatspräsident von Syrien „Baschar Hafiz al-Assad" wurde am 11. September 1965 in Damaskus geboren und ist seit dem Jahr 2000 Generalsekretär der Baath-Partei. Assads Regierungszeit in Syrien war die letzten Jahre geprägt durch das gewaltsame Vorgehen des Staates gegen die eigene Zivilbevölkerung.

Die „Freie Syrische Armee" ist zum Teil eine von der sunnitischen Bevölkerungsmehrheit „Syriens" getragene bewaffnete Oppositionsgruppe. Sie umfasste Ende 2013 zirka 40.000 – 50.000 bewaffnete Kämpfer und war nach der Einschätzung der Bundeswehr im Herbst 2013 auf dem Weg der vollständigen Auflösung. Es gelang ihr jedoch, wieder während des Kampfes um Kobane als Verbündeter der kurdischen Volksverteidigungseinheit gegen die Terrororganisation Islamischer Staat in Irak und Syrien ins Gespräch zu kommen.

Die Kurden in Syrien sind die größte ethnische Minderheit des Landes und der große Teil der Kurden bekennen sich zum sunnitischen Islam.

Seit August 2014 sind IS-Truppen Ziele von Luftangriffen der „Internationale Allianz gegen den Islamischen Staat". Diese wurde gebildet, um die Terrormiliz Islamsicher Staat (IS) zu bekämpfen. Es gehören einige westliche und arabische Staaten sowie die Türkei dazu.

Der IS kämpft auch seit 2014 weiterhin im „zweiten libyschen Bürgerkrieg, sowohl gegen die international anerkannte Regierung von Ministerpräsident Abdullah Thenni als auch gegen die Streitkräfte der Gegenregierung um Chalifa al-Ghweil.

Der libysche Politiker „Abdullah Thenni" wurde am 07.01.1954 im Königreich Libyen geboren und dient seit 11.03.2014 als Ministerpräsident des Landes. Er wurde an der Königlich-Libyschen Militärakademie (Universitätsakademie von Bengasi) ausgebildet. Er war in der Regierung von Ali Seidan parteipolitisch unabhängiger Verteidigungsminister. Am 13.05.2014 erklärte er seinen Rücktritt. Der Grund war, dass er und seine Familie am Tag zuvor Opfer eines verräterischen bewaffneten Angriffs von Milizen geworden sei. Er überstand unverletzt im Mai 2015 einen Attentatsversuch.

Der Sicherheitsrat der Vereinten Nationen sowie auch Australien und Deutschland stufen den IS als terroristische Vereinigung ein.

In einem „offenen Brief" lehnen auch muslimische Gelehrte das IS-Kalifat ab und distanzieren sich von der Vorgehensweise der Organisation. Der Brief ging an den IS-Anführer al-Baghdadi.

Abd al-Azīz Āl asch-Schaich (Großmufti) aus Arabien, nannte den IS und al-Qaida „Feinde Nummer eins des Islam". Er verkündete, dass selbst in einer Kriegssituation kein Muslim das Recht habe, Zivilisten, Frauen und Kinder anzugreifen.

Ein Mufti ist ein Rechtsgelehrter, der ein islamrechtliches Gutachten (Rechtsfrage) nach Maßstäben der Rechtswissenschaft abgibt und begründet (scharia-rechtlich).

Welche Autorität die Muftis hatten/haben, kann man an der deutschen, französischen, niederländischen und italienischen vorkommenden Redewendung „per Order di Mufti" erkennen. Damit ist eine undurchsichtige, von oben herab erlassene Verordnung gemeint.

Mit einem geschätzten Vermögen von zwei Milliarden US-Dollar (Stand: Januar 2015) gilt der IS als reichste Terrororganisation der Welt.

Allein bei der Eroberung von Mossul und der Plünderung der Zentralbank, gelangten im Juni 2014 zirka 429 Millionen US-Dollar in ihre Hände.

Die Geschäfte der IS basieren auf mehreren Säulen:

- Spenden reicher Gönner (religiöser Stiftungen, Privatleute, Moschee-Vereine)

- Verkauf des Rohöls (aus eroberten Ölfeldern)

- Lösegeldforderungen aus Entführungen sowie Versteigerungen von Kindern und Frauen (insbesondere Jesiden und Christen)

- Raub aus Verkäufen antiker Fundstücke (Raubgrabungen) und Plünderung von Museen

- Der IS erhebt Steuer (Umsatz- und Vermögenssteuer, zirka 10%) und erhebt Zölle (zwischen 200 und 500 US-Dollar je Lieferung) und bezieht in Mossul Mieteinnahmen für zirka 20.000 Wohnungen und Geschäfte (zirka 3 Millionen US-Dollar monatlich).

Bis zum 12. Dezember 2015 stand Adnan al-Sweidawi (Abu Ali al-Anbari) in al-Ash (Syrien) als Vertreter für Syrien an der Spitze der IS.

Fadel al-Hayali (Abu Muslim al-Turkmani) war bis zum Zeitpunkt seines Todes am 18.08.2015 der Vertreter von al-Baghdadi im Irak. Fadel al-Hayali wurde durch einen Drohnenangriff in Mossul getötet.

Abu Muslim al-Turkmani gehörte während der Regierungszeit „Saddam Husseins" dem irakischen Militärgeheimdienst an. al-Turkmani und Baghdadi lernten sich vermutlich im Jahr 2004 im Us-Gefangenenlager (Camp Bucca) im Irak kennen.

In Syrien herrschen fünf Gouverneure, sieben weitere im Irak.

Die IS-Führung besteht aus neun Räten:

- Führungs-Rat

- Schūrā-Rat

- Militärrat

- Sicherheits-Rat

- Geheimdienst-Rat

- Rechts-Rat

- Finanz-Rat

- Hilfs-Rat

- Medien-Rat

Die Denkfabrik veröffentlichte im Dezember 2015 einen Bericht, wonach die meisten ausländischen Kämpfer aus Tunesien, Saudi-Arabien, Türkei, Russland und Jordanien stammen.

Aus Westeuropa stammen zirka 5.000 Kämpfer (Frankreich, Belgien, Großbritannien, Deutschland, Österreich, Schweden, USA und Kanada).

Denkfabrik (Thinktank) ist ein Institut für die Erforschung (Entwicklung) von politischen, sozialen und wirtschaftlichen Konzepten und Strategien. Sie vertreten eine bestimmte, politische oder ideologische Linie, die aggressiv beworben wird, um politische Debatten zu beeinflussen. Der Terminus „think tank" ist während des Zweiten Weltkriegs entstanden. In Deutschland werden Denkfabriken z. B. wie durch die Leibniz-Gemeinschaft öffentlich finanziert. Es gibt auch privat finanzierte Denkfabriken wie Vereine, Parteien, Unternehmen, Verbände und Stiftungen.

Unter Nutzung von sozialen Netzwerken wirbt der Islamische Staat für seinen Kalifatstaat. Nur in wenigen Fällen tritt der IS offen auf, dabei handelt es sich meist um assoziierte Seiten, die einen kriegerischen und sunnitischen Islam propagieren.

Der IS verfügt über einen internen Sicherheitsapparat (Verfassungsschutz oder Sturmtrupp), eine sogenannte Spezialeinheit, die neue Ankömmlinge durchleuchtet.

Liste von Hinrichtungen durch den IS:

https://de.wikipedia.org/wiki/Liste_von_Hinrich tungen_durch_den_IS

Wer ist Abu Bakr al-Baghdadi?

Laut Wikipedia (25.01.2016) ist am 01.07.1971 in Samarra (Irak) geboren.

Seit Mai 2010 ist er Anführer der dschihadistisch-salafistischen Terrororganisation Islamischer Staat.

Dschihadismus ist eine militante extremistische Strömung des Islamismus.

Der Salafismus gilt als ultrakonservative Strömung inner-halb des Islams. Diese strebt eine geistige Rückbesinnung auf die Altvorderen (Vorgänger, Vorfahre) an.

Als Anführer des IS ist Abu Bakr al-Baghdadi für Verbrechen gegen die Menschlichkeit, Ethnische Säuberungen und grausame Strafen (Enthauptungen, Kreuzigungen, Verbrennungen, Ertränkungen) ver-antwortlich.

Von der Regierung der Vereinigten Staaten ist eine Belohnung in Höhe von 10 Millionen US-Dollar ausgesetzt.

Abu Bakr al-Baghdadi bezeichnet sich seit Juni 2014 als „Kalif Ibrahim" oder „Amīr al-Mu'minīn (Führer der Gläubigen)". Er sieht sich selbst als Nachfolger des Propheten Mohammed.

Das US-amerikanische Wirtschaftsmagazin Forbes nahm im November 2015 al-Baghdadi in die jährlich erscheinenden Liste: „The Worlds Most Powerful People" auf. Er wurde auf Platz 57 der mächtigsten Menschen der Welt bewertet.

Das Magazin „Time" wählte ihn 2015 hinter Angela Merkel an die zweite Stelle der „Person of the Year".

IS AKTUELL

Am 25.01.2016 warnt Europol vor schweren Anschlägen in Europa.

Die europäische Polizeibehörde Europol berichtet, dass die Terrormiliz „Islamischer Staat" groß angelegte Anschläge verüben könnte. Der IS verfüge auch über neue gefechtsartige Möglichkeiten.

Rob Wainwright (Europol-Direktor) sagte am 25.01.2016 in Amsterdam, er komme zu dem Schluss, dass die Dschihadisten insbesondere Europa im Visier hätten.

Wainwright ist der Meinung, dass immer mehr organisierte kriminelle Banden sich in Europa aufhalten, mit Verbindung zum IS.

Er sagt: „diese Arten von kriminellen Netzwerken waren noch nie zuvor derart verbunden. Die Entwicklung erfordere eine genaue Überwachung und auch ein schnelles Eingreifen durch die Polizei."

Rob Wainwright ist ein britischer Kriminalist und seit April 2009 Direktor von Europol in Den Haag.

Europol (Europäisches Polizeiamt) ist mit Sitz in Den Haag, eine europäische Polizeibehörde, die im Bereich der grenzüberschreitenden organisierten Kriminalität (OK) koordinieren und den Informationsaustausch zwischen den nationalen Polizeibehörden fördern.

Europol berichtet: Das Ziel des IS seien massenhaft Opfer in der Zivilbevölkerung.

Quelle:

https://www.tagesschau.de/ausland/europol-terror-101.html

Auch der BND (Bundesnachrichtendienst) warnte schon im Januar 2016 vor einer massiven Bedrohung durch den IS.

Nach Informationen von SZ, WDR und NDR schätzt der BND in internen Analysen die Gefahr größer ein, als nach den Anschlägen vom 11. September 2001.

Quelle:

http://www.nzz.ch/international/europa/warnung-vor-schweren-is-anschlaegen-in-europa-1.18683323

Syrien, Irak, Jemen, Nigeria, Ukraine, Afghanistan, Somalia, Falkland, Libyen…

Die Zahl der Kriege und Konflikte WELTWEIT ist im vergangenen Jahr stetig angestiegen. Beispielsweise reichte der Terror des Islamischen Staats (IS) weit über den Irak und Syrien hinaus. Siehe Anschläge von IS-Anhängern oder befreundeter Terrorgruppen in Pakistan, Türkei, Libanon, Sinai-Halbinsel, Libyen, Indonesien und Frankreich.

Immer Aktuell: Liste der andauernden Kriege und Konflikte:

Quelle Wikipedia:

https://de.wikipedia.org/wiki/Liste_der_andauernden_Kriege_und_Konflikte

Viele dieser andauernden Kriege geraten in Vergessenheit, weil über sie nicht aktuell berichtet wird. Es wird oft nur über Ausbrüche, Friedensschlüsse und besondere Ereignisse informiert.

Laut der „Zeit Online" sind derzeit zirka 60 Millionen Menschen weltweit auf der Flucht.

Im dritten Quartal 2015 beantragten z. B. zirka 450.000 Menschen Asyl in der EU und laut der International Organization for Migration sind bis zum 21.12.2015 mehr als eine Million Flüchtlinge in Europa angekommen.

Die „Internationale Organisation für Migration", auch „IOM" genannt, ist eine weltweite Hilfsorganisation im Migrationsbereich. Diese führt auf nationaler und zwischenstaatlicher Ebene operationale Hilfsprogramme für Migranten durch.

Getrieben von Krieg und Terror drängen tausende Asylbewerber nach Deutschland, aber wer sind diese Flüchtlinge und wo kommen sie her?

Die meisten Flüchtlinge kommen aus Syrien. Laut dem Bundesamt für Migration und Flüchtlinge (BAMF) wurden bis September 2015 zirka 70.600 Erstanträge auf Asyl gestellt (2014 zur gleichen Zeit: zirka 23.600 Anträge).

Albanien belegt den zweiten Platz, mit zirka 44.500 Erstanträgen und zirka 31.500 Erstanträge werden von Flüchtlingen aus dem Kosovo gestellt.

An Stelle vier, fünf und sechs folgen Afghanistan (zirka 16.000 Anträge), Irak (zirka 15.300) und Serbien (zirka 14.400).

Aus allen anderen Ländern wurden insgesamt 58.600 Erstanträge auf Asyl gestellt, sie stellen damit die zweitstärkste Gruppe dar.

Stand: September 2015, Quelle: Bundesamt für Migration und Flüchtlinge

Das Bundesamt für Migration und Flüchtlinge, auch BAMF genannt, ist eine Behörde (Nürnberg), die bis 2004 „Bundesamt für die Anerkennung ausländischer Flüchtlinge“ genannt wurde.

Auf einem Sondergipfel von Staats- und Regierungschefs der EU wurde am 25.10.2015 ein 17-Punkte-Plan mit Sofortmaßnahmen zur Bekämpfung der Flüchtlingskrise „entlang der Balkanroute" beschlossen.

Die Europäische Union und die Türkei einigten sich am 30.11.2015 auf einen Aktionsplan zur Begrenzung der Zuwanderung über die Türkei.

Es ist erst am 18.02.2016 im Rahmen eines EU-Gipfels damit zu rechnen, dass konkrete Projekte definiert werden.

EU-Ratspräsident Donald Tusk fordert im Dezember 2015 unsere Bundeskanzlerin Angela Merkel zu einer Kehrtwende in der europäischen Politik auf.

Tusk sagt in einem Interview mit der Süddeutschen Zeitung: „Wenn wir Regeln haben, dann müssen wir sie auch einhalten."

Er fordert von den Mitgliedstaaten eine deutliche Begrenzung des Flüchtlingsandrangs nach Europa und erwartet von den politischen Führern eine veränderte Einstellung.

Tusk fordert auch eine vorübergehende Festsetzung aller in die EU einreisender Flüchtlinge. Er möchte damit die Sicherheits- und Terrorrisiken abklären. Er bezeichnete die Politik der „offenen Tür von Merkel" als gefährlich.

Quelle:

Deutsche Wirtschafts Nachrichten | Veröffentlicht: 02.12.15 22:55 Uhr

http://www. t-onli ne.de/nachrichten/ausland/eu/id_76299834/fluechtlinge-tusk-verlangt-kehrtwende-von-angela-merkel.html

Im Dezember 2015 wurde bekannt gegeben, dass die Behörden europäischer Staaten über Listen verfügen mit den Seriennummern abhandengekommener Pässe aus Syrien und dem Irak. Darunter waren zirka 5000 Pässe aus den syrischen Provinzen Rakka und deir al-Sor und zirka 10.000 Pässe aus den irakischen Gebieten Ninive, Anbar und Tikrit.

Es wird vermutet, dass die Terroristen auch Maschinen zur Produktion von Ausweisdokumenten erbeutet haben.

Der Leiter von Frontex „Fabrice Leggeri" teilte gegenüber der Welt mit, dass die großen Ströme von Menschen, die derzeit unkontrolliert nach Europa einreisen, ein hohes Sicherheitsrisiko darstellen.

Fabrice Leggeri ist ein französischer Verwaltungsbeamter und Direktor der Europäischen Agentur für die operative Zusammenarbeit an den Außengrenzen der Mitgliedstaaten der Europäischen Union Frontex.

Quelle: Wikipedia

Vertreter der „Deutschen Polizeigewerkschaft" und der „Gewerkschaft der Polizei (GdP) wiesen Mitte Dezember 2015 darauf hin, dass von den nach Deutschland eingereisten Flüchtlingen Fingerabdrücke abgenommen worden seien sowie eine erkennungsdienstliche Erfassung erfolgt sei.

Auch wüssten die Grenzschützer an der Deutsch-Österreichischen Grenze in 100.000 Fällen nicht, wer unter welchem Namen und aus welchem Grund eingereist sei.

Es stellte sich Mitte Dezember 2015 heraus, dass mindestens zwei der Attentäter mit Pässen nach Europa gereist sind, die zuvor von der IS in Syrien gefälscht wurden.

Nach Presseberichten, heißt es, dass zirka ein Dutzend weiterer Personen mit Pässen aus der gleichen Fälscherwerkstatt vor den Anschlägen als Flüchtlinge nach Deutschland gekommen waren.

Die deutschen Behörden hätten es versäumt, die Fingerabdrücke zu nehmen. Sie hatten keine Vorstellung, wo sich die betreffenden Personen aufhielten.

Quelle:

http://www.focus.de/politik/ausland/nach-paris-terror-fuehrt-spur-ins-inland-inhaber-mehrerer-gefaelschter-syrischer-paesse-sind-in-deutschland-untergetaucht_id_5169398.html

http://www.faz.net/aktuell/politik/kampf-gegen-den-terror/aus-syrien-fluechtlinge-mit-paessen-aus-is-faelscherwerkstatt-in-deutschland-13980052.html

Es wird mit starken zivilen Unruhen und mit terroristischen Anschlägen sowie auch mit Gewalt gegen Flüchtlinge gerechnet, ergab eine Umfrage des Council on Foreign Relations (Regierungsbeamten, Außenpolitikexperten, Wissenschaftlern).

Im Spätsommer 2015 kam es an vielen Grenzübergängen unterschiedlicher Staaten der Balkanroute zu schweren Auseinandersetzungen zwischen Polizisten und Flüchtlingen.

Auch zu sexuellen Übergriffen und Gewalt kam es in vielen Unterkünften für Asylsuchende in Deutschland und Österreich.

Es gibt auch ein Problem von Kindesmissbrauch, laut dem Kindesmissbrauchsbeauftragten der Bundesregierung. In einem offenen Brief von hessischen Landesverbänden zeigte man sich im August 2015 sehr besorgt über die Situation in den Erstaufnahmeeinrichtungen.

Sexuelle Übergriffe in der Silvesternacht 2015/16

In der Silvesternacht 2015/2016 kam es in Köln (Hauptbahnhof und Kölner Dom) zu vielen sexuellen Übergriffen auf Frauen. Die Übergriffe wurden durch Gruppen junger Männer vornehmlich aus dem „nordafrikanisch/arabischen Raum verübt.

Gleichzeitig wurden ähnliche Vorfälle aus weiteren deutschen und europäischen Städten gemeldet.

Die erste Pressemitteilung der Polizei Köln vom Neujahrsmorgen hatte den Titel „Ausgelassene Stimmung – Feiern weitgehend friedlich".

Am 02.01.2016 meldete die Polizei, dass es eine Serie von Übergriffen auf Frauen gegeben hätte.

In der Pressekonferenz am 05.01.2016 verkündigte die Oberbürgermeisterin „Henriette Reker", die Behörden hätten keinerlei Hinweise darüber, dass es sich bei den Tätern um Flüchtlinge handele.

Aktueller Stand vom 21.01.2016:

Die Kölner Polizei gründete eine „Soko Neujahr" mit über 140 Ermittlungskräften, um die Vorfälle aufzuklären. Es werden Handyvideos und Material aus Überwachungskameras ausgewertet, außerdem soll die Ermittlungskommission klären, ob sich die Männer über soziale Netzwerke organisiert haben.

Was an Silvester 2015/2016 in Köln passierte, war nur ein Teilaspekt des Schreckens. Es kamen immer mehr Städte hinzu. Staatsanwaltschaften und Polizei ermitteln nun im gesamten Bundesgebiet – überall berichten mittlerweile Menschen, wie sie zum Jahreswechsel Opfer krimineller Taten von Verdächtigen mit nordafrikanischem Hintergrund geworden sind.

Arnold Plickert (NRW-Landesvorsitzender der Gewerkschaft der Polizei) benennt die Ereignisse als völlig neue Dimension der Gewalt.

Rita Steffens-enn (Kriminologin vom Zentrum für Kriminologie und Polizeiforschung) bestätigte dies.

Sie sagt, dass im Allgemeinen für Täter bei sexuellen Übergriffen im öffentlichen Raum ein hohes Risiko bestehe, belangt zu werden. Schlössen sich jedoch sehr viele Männer zusammen, verringere sich aus Tätersicht diese Gefahr sowie die Hemmschwelle zu sexuellen Übergriffen.

Quelle:

http://www.ksta.de/koeln/-immer-mehr-
anzeigen-zur-koelner-silvesternacht-
sote,15187530,33548700.html

Dem Kölner Stadt-Anzeiger liegen Recherchen vor, die zeigen, dass der Kölner Polizeiführung schon in der Silvesternacht klar war, dass es sich bei der Personengruppe „aus der heraus die Straftaten" ver-übt wurden, nicht um „Antänzer-Trickdiebe" handel-te, sondern mehr um Männer aus Syrien, Afghanistan und dem Irak. Diese sind erst vor kurzem nach Deutschland gekommen.

Gegenüber dem Kölner Stadt-Anzeiger erklärte Henriette Reker (Oberbürgermeisterin von Köln), dass die Vorfälle ungeheuerlich seien, es könne nicht angehen, dass Köln-Besucher Angst haben müssten, überfallen zu werden.

Die Oberbürgermeisterin rief Vertreter von Poli-zei und Ordnungsamt zu einem Krisentreffen auf. Gesprochen wurde über Präventionsmaßnahmen. Mitunter soll es einen Verhaltenskatalog „für junge Frauen und Mädchen" geben. Zu dessen Regeln ge-höre es, zu Fremden eine Armlänge Distanz zu hal-ten, die eigene Gruppe nicht zu verlassen und not-falls andere Personen um Hilfe zu bitten, oder die Polizei zu informieren.

Die Verhaltensregeln für Frauen wurden massiv von den Medien kritisiert.

Quelle:

http://www.ksta.de/koeln/reker-wehrt-sich-gegen-spott-koeln-sote,15187530,33464974.html

Zitat aus Kölner Stadt Anzeiger:

Die Kölner SPD zweifelt an den Aussagen von Henriette Reker zu den Übergriffen in der Silvesternacht. Reker wehrt sich und spricht von politischen Ablenkungsmanövern.

Quelle: © 15.01.2016 Text: Anna Lampert

Lesen Sie mehr auf:

http://www.ksta.de/koeln/reker-reagiert-auf-die-kritik-an-ihren-aussagen-sote,15187530,33532718.html#plx1035755710

Hannelore Kraft (Ministerpräsidentin SPD) verlangte von Justiz und Polizei ein konsequentes Vorgehen.

Ralf Jäger (Innenminister SPD) erklärte gegenüber dem Kölner Express: „Wir nehmen es nicht hin, dass sich nordafrikanische Männergruppen organisieren, um wehrlose Frauen mit dreisten sexuellen Attacken zu erniedrigen."

Quelle: vom 04.01.16

http://www.express.de/koeln/innenminister-jaeger-will-gegen-nordafrikanische-maennergruppen-vorgehen-23253992

Zitat: Titel: Jäger & Albers – Der Rauswurf erfolgte im Vier-Augen-Gespräch

Am Freitag um 17 Uhr hat NRW-Innenminister Ralf Jäger (54, SPD) die Notbremse gezogen. Er versetzt den Kölner Polizeipräsidenten Wolfgang Albers (60) in den einstweiligen Ruhestand.

Quelle:

Text von © 2016 Gerhard Voogt und Oliver Meyer (08.01.2016)

http://www.express.de/koeln/jaeger---albers-der-rauswurf-erfolgte-im-vier-augen-gespraech-23405022

Zitat: Titel: Silvester in Köln Die fünf Widersprüche des Ministerberichts

Die Attacke von Innenminister Ralf Jäger auf die Kölner Polizei wirft neue Fragen auf. Auch an ihn selbst. EXPRESS deckt die wichtigsten Widersprüche in seinem 27-Seiten Bericht auf.

Quelle:

Text: © 11.01.2016 von Christian Wiermer

http://www.express.de/koeln/silvester-in-koeln-die-fuenf-widersprueche-des-ministerberichts-23408350

Zitat: Titel: Silvester-Übergriffe Neue Details bringen Kraft und Jäger in Bedrängnis

Die Staatskanzlei wusste schon früh Bescheid.

Innenminister Jäger verschwieg wichtige Fakten zur Horror-Silvesternacht.

Quelle:

Text © 18.01.2016 von Christian Wiermer

http://www.express.de/news/politik-und-wirtschaft/silvester-uebergriffe-neue-details-bringen-kraft-und-jaeger-in-bedraengnis-23418900

Die sexuellen Übergriffe in der Silvesternacht 2015/2016 wurden mit den Attacken verglichen, denen Frauen nach dem Arabischen Frühling auf zahlreichen öffentlichen Plätzen in Kairo (2013) ausgesetzt gewesen waren.

Ägyptische Frauen und ausländische Journalistinnen wurden von Gruppen junger Männer umzingelt, vielfach in sexueller Absicht angefasst und zum Teil fast nackt ausgezogen. Die Frauen konnten sich teilweise nur mit Glück der öffentlichen Vergewaltigung entziehen.

Internationale Medien, wie die „New York Times" und das „Wall Street Journal" berichteten auf ihren Titelseiten über die Ereignisse von der Silvesternacht 2015/2016 in Köln. Es gab bis dahin nur sehr selten eine derartige mediale Präsenz deutscher Themen in US-amerikanischen Zeitungen.

Kommt nun der 3. Weltkrieg oder hat er schon angefangen?

Vielen Menschen ist es bewusst, dass unsere Welt an einem sehr kritischen Punkt angelangt ist und die aktuellen Ereignisse „weltweit" könnten zu einem der tödlichsten Konflikte unserer Zeit eskalieren.

In gewisser Weise kann man schon sagen, dass die Zeichen auf Konfrontation stehen. Immer mehr Regierungen bombardieren Syrien.

China und die USA streiten sich um die Landgewinnung im Südchinesischen Meer und China rüstet atomar auf. Die Zeiten der nuklearen Zurückhaltung sind längst vorbei.

Warum startet China genau jetzt seine atomare Aufrüstung?

Chinas Regierung hat Atomwaffen modernisiert und mit neuen, multiplen Sprengköpfen ausgestattet. So befinden sich in einer Raketenspitze drei Sprengköpfe und diese können unabhängig voneinander auf jeweils unterschiedliche Ziele gesteuert werden (Quelle Dr. Michael Paul, Experte für Sicherheitspolitik am Deutschen Institut für Internationale Politik und Sicherheit).

Dr. Michael Paul sagt gegenüber dem FOKUS, dass ein einzelner Sprengkopf eine weit höhere Wirkung als die Hiroshima-Atombombe hätte.

Auch an den westlichen Grenzen Russlands wird ein gefährlicher Krieg geführt, die NATO baut ihre militärischen Kräfte in den Anrainerstaaten Russlands aus.

Hier besteht auch die Gefahr einer militärischen und vielleicht nuklearen Konfrontation zwischen der US-geführten NATO und Russland.

Beide „nuklearen Supermächte" stehen sich vor allem in der Ukraine und Syrien gegenüber.

Fazit:

Aus guter Handlung

entsteht GUTES,

aus schlechter Handlung entsteht SCHLECHTES

(Lehre von den Upanishaden)

Die Upanishaden (oder Upanischaden)

sind eine Sammlung philosophischer Schriften

des Hinduismus und Bestandteil des Veda.